DÉPARTEMENT DE CONSTANTINE

CONSEIL GÉNÉRAL

SESSION D'OCTOBRE 1881

INCENDIES

DES FORÊTS

DU DEPARTEMENT DE CONSTANTINE

(AOUT 1881)

RAPPORT DE M. TREILLE

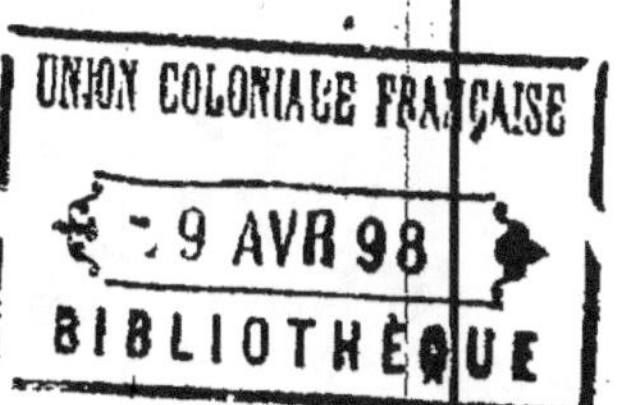

CONSTANTINE

TYPOGRAPHIE L. ARNOLET, AD. BRAHAM, SUCCESSEUR

1881

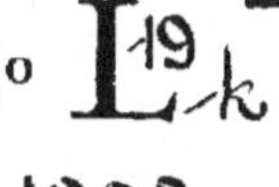

DÉPARTEMENT DE CONSTANTINE

CONSEIL GÉNÉRAL

SESSION D'OCTOBRE 1881

INCENDIES

DES FORÊTS

DU DEPARTEMENT DE CONSTANTINE

(AOUT 1881)

RAPPORT DE M. TREILLE

CONSTANTINE

TYPOGRAPHIE L. ARNOLET, AD. BRAHAM, SUCCESSEUR

1881

CONSEIL GÉNÉRAL

SESSION ORDINAIRE D'OCTOBRE 1881

MESSIEURS,

On peut évaluer à deux millions d'hectares l'étendue de la propriété boisée en Algérie.

La province de Constantine en possède à elle seule, plus de la moitié; cette simple constatation suffit pour montrer l'intérêt tout particulier que nous devons porter et que nous portons à la conservation de nos forêts.

On peut estimer à un million d'hectares la surface boisée appartenant dans cette province à l'Etat, à quarante mille hectares les forêts communales; les particuliers possèdent environ 160,000 hectares.

Ces admirables richesses forestières qui valent plusieurs milliards, seraient la source de revenus considérables pour l'Etat et les particuliers, si on pouvait compter sur des exploitations méthodiques et sûres.

Pour ne citer que ce qui a trait à l'exploitation du chêne-liège (car les forêts de chênes-liège font l'objet principal de notre rapport) nous emprunterons au travail très-bien fait de M. Lamey, *Sur le chêne-liège en Algérie*, le passage suivant :

« L'exportation de lièges de l'Algérie tant en
« planches qu'ouvrés, était en 1868 de 18,424 quin-
« taux; en 1877 elle s'est élevée à 48,328 quintaux;
« la production a donc augmenté de 30,000 quin-
« taux en 10 ans. Cette progression ne peut que
« continuer par suite de la mise en valeur de nou-
« velles forêts et de la meilleure exploitation de
« celles déjà en production. On peut donc affirmer,
« que dans un avenir très-rapproché, l'Algérie
« exportera 100,000 quintaux de lièges par an. Ce
« chiffre n'a rien d'exagéré et il est même présu-
« mable qu'il sera dépassé dans la suite, car plus
« de la moitié des forêts est encore inproductive
« aujourd'hui.

« Les trois quarts environ des lièges algériens
« s'expédient en France, le restant s'exporte à l'é-
« tranger, une très-faible partie seulement reste
« dans le pays pour alimenter la consommation
« locale.

« Parmi les pays d'exportation, l'Espagne occu-

« pait, il y a peu de temps encore, le premier rang,
« et les liéges algériens expédiés en Catalogne,
« étaient livrés au commerce comme de provenance
« espagnole. Aujourd'hui, l'Angleterre et la Russie
« achètent directement en Algérie des quantités de
« liéges assez considérables et l'exportation pour
« l'Espagne est en baisse.

« En dehors de ces pays, l'Algérie expédie en-
« core en Italie et en Belgique et depuis ces der-
« nières années en Hollande ; jusqu'ici, l'exporta-
« tion a été nulle pour l'Amérique. »

Elles contribueraient puissamment à développer
la fortune de la colonie ; elles seraient un des élé-
ment les plus sérieux de prospérité, en attirant des
capitaux et des colons. Or, l'insécurité qui ne cesse
de menacer les exploitations européennes, les incendies qui les ravagent d'une manière périodique,
enlèvent toute confiance aux capitalistes et aux
colons ; le découragement est général. Les concessionnaires sont las de faire un travail de Sisyphe ;
ils se fatiguent de se remettre cent fois à la tâche
sans aucun profit possible. Quelques-uns semblent
renoncer définitivement à poursuivre l'œuvre in-
grate à laquelle ils s'étaient voués, longtemps ils
ont espéré que la civilisation l'emporterait sur la
barbarie, longtemps ils ont cru que l'Administration française finirait par avoir raison du vanda-
lisme arabe : le temps des illusions est passé, la
barbarie triomphe.

Depuis 1860, le feu a couru six ou sept fois d'un

bout à l'autre de l'Algérie, dévorant presque exclusivement les forêts de chênes-liège qui sont à peu près les seules exploitées d'une manière suivie et méthodique par les Européens, et, dans *l'état actuel de l'Algérie*, publié en 1880, par ordre de M. le Gouverneur général, on évaluait à plus de 300,000 hectares la contenance des forêts qui, depuis vingt ans ont été ravagées par l'incendie.

Si on joint à ce chiffre la surface incendiée cette année, on arrive à 400,000 hectares brûlés en vingt-et-un ans. C'est à peu près le quart de nos forêts.

Il est vrai que le feu a envahi souvent des régions incendiées plusieurs fois déjà; mais ce n'est point une circonstance atténuante à nos yeux. Elle est au contraire aggravante, car en pareil cas, ce sont presque toujours les exploitations européennes qui en ont été victimes. Nous pourrions citer tel concessionnaire, qui se trouvant pour la troisième fois sur le point de récolter du liège, a vu sa récolte entière détruite par les flammes. Dès lors, le mal n'est-il pas trois fois plus grand ?

Au train dont vont les choses, nous devons nous attendre à voir disparaître peu à peu la meilleure partie de nos richesses coloniales.

Qu'importerait donc de reboiser le pays, si, nous ne pouvions conserver ce qui existe déjà ? Par le reboisement nous ne ferions que donner un nouvel aliment aux flammes, une nouvelle proie aux incendiaires dont nous allons avoir à nous occuper.

Certes, nous ne voulons pas dire que le reboisement est inutile, nous ne voulons pas empêcher les particuliers, les communes et l'Etat, de concourir à l'œuvre de constitution ou de reconstitution du sol forestier ; mais ce qui prime tout, ce qui est de première urgence, c'est la conservation de ce qui existe.

Or, pour assurer cette conservation, ce ne sont pas des demi-mesures qu'il faut employer : les moyens radicaux sont nécessaires. Eux seuls pourront avoir raison de la malveillance des arabes, cause capitale, unique dirons-nous, des incendies présentant un caractère de généralité en Algérie.

Nous excluons rigoureusement toutes les autres causes qu'on s'est plu à invoquer, à inventer, pour mieux dire.

Les imprudences des fumeurs, des chasseurs, des arabes eux-mêmes, peuvent bien être la cause d'incendies partiels ; mais des fumeurs, des chasseurs, des imprudents ne mettent pas le feu de dix côtés à la fois. Les incendies par imprudence sont toujours arrêtés, les incendies dus à la malveillance ne le sont jamais.

Quant à la théorie ingénieuse de la combustion spontanée, nous ne lui ferons pas l'honneur d'une longue discussion.

Exposée pour la première fois, mais sans aucun succès, en 1865, au Conseil général de Constantine, elle a été reprise sous une autre forme dans ces derniers temps, par un assesseur musulman de notre Assemblée, M. Ben Badis.

Dans une brochure intitulée : *Réfutation des erreurs et fausses appréciations relatives aux incendies survenus en août 1881*, M. Ben Badis parlant des causes des incendies s'exprime ainsi :

« Parmi ces causes nous ne parlerons que de
« la plus extraordinaire. Il existe, dans les forêts
« deux espèces d'arbres : le Merek *(vinidum offi-*
« *cinale)* et le Affar qui s'enflamment par le frotte-
« ment, fussent-ils verts.

« Ce fait est constaté dans le Koran (Sourate de
« Ia-Sin) chacun peut rechercher ce passage et en
« prendre connnaissance ».

Et, M. Ben Badis qui, dans une autre partie de sa brochure, ne craint pas de dire en parlant des malfaiteurs indigènes : « On ne peut les empêcher
« de commettre leurs méfaits que par des décisions
« administratives *arbitraires*, et des châtiments
« exemplaires lorsqu'ils tombent entre les mains
« de l'Autorité. » M. Ben Badis s'apitoie sur le sort de ceux qu'on appelle les incendiaires, il cherche à disculper ses coréligionnaires des accusations trop fondées dont ils sont l'objet, il s'applique à démontrer qu'ils sont innocents.

Mais à ces citations légendaires, à la théorie insoutenable de la combustion spontanée, nous avons, malheureusement pour les défenseurs acharnés des incendiaires, des arguments irréfutables, des preuves nombreuses et convaincantes à opposer,

témoignant d'une manière éclatante, de la culpabilité des indigènes.

Nous devons à cet égard, constater tout d'abord,
que l'opinion du Conseil général de Constantine
n'a pas varié depuis vingt ans. On y a toujours
proclamé que les incendies étaient dus uniquement
à l'instinct malfaisant de l'arabe, et ceux qui ont
essayé de s'y faire, d'une manière détournée, les
protecteurs des incendiaires, n'y ont jamais eu
gain de cause.

En 1863, le Conseil adopta un vœu dont le premier considérant était ainsi conçu :

« Considérant que, cette année encore, de nom-
« breux incendies ont ravagé les forêts de chênes-
« liège de la Province ; qu'ils se sont produits avec
« une étrange simultanéité et que, si les causes de
« ces incendies peuvent être multiples, les incendiés
« du moins, d'accord avec une grande partie de la
« population, attribuent ces incendies aux arabes.»

En 1865, de remarquables débats furent provo-
qués par M. de Cès-Caupenne, Concessionnaire et
Conseiller général du district de Jemmapes. Nous
retrouvons, dans les plaintes formulées par M. de
Cès-Caupenne, l'exacte expression du sentiment
public actuel, et nous n'aurons que peu de chose
à ajouter à ce qui avait été si fortement exprimé
à cette époque, par l'honorable Conseiller général.

Dans une lettre adressée de France au Président
du Conseil général, il disait :

« Au moment où je me disposais à me rendre à

« Constantine pour assister aux séances du Con-
« seil général, j'ai reçu la nouvelle des terribles
« incendies qui ont détruits les forêts de chênes-
« liège de la province et causé de grands domma-
« ges aux colons agriculteurs.

« Je suis moi-même au nombre des sinistrés.

« Le résultat de dix années de travail et de
« dépenses considérables, consacrées à la mise en
« valeur et à l'amélioration des forêts de l'Etat, ont
« été en deux heures la proie des flammes.

« Si je ne me rends pas au Conseil général pour
« appuyer de toutes mes forces les réclamations
« nombreuses qui ne peuvent pas manquer de se
« produire de toutes parts, à l'occasion de ces
« incendies, c'est que la stérilité de nos vœux,
« répétés à chaque session depuis 1860, me fait
« croire que je puis ici défendre, d'une manière
« plus efficace, les intérêts forestiers du district de
« Jemmapes, que j'étais plus spécialement chargé
« de représenter au Conseil général.

« A l'époque des premiers incendies, en 1860,
« le Conseil général a signalé au Gouvernement la
« malveillance des arabes contre les exploitations
« forestières ; une première amende a été infligée,
« mais elle n'a jamais été exigée.

« Lors d'une tournée dans le Département, je
« me trouvais à Jemmapes, lorsque le Préfet,
« M. Lapaine, fit connaître aux indigènes les me-
« sures qui venaient d'être édictées ; mais les

« amendes n'ayant pas été recouvrées, la mesure
« ne produisit dans l'esprit des arabes aucun effet
« salutaire.

« En 1862, les incendies recommençaient, dévas-
« tant 42,000 hectares de forêts.

« Le gouvernement du Duc de Malakoff, sur
« les propositions de M. le Général Desvaux et du
« Préfet, édicta une nouvelle amende ; mais comme
« en 1860, la décision est restée à l'état de lettre
« morte.

. . . .

. . . .

« Les amendes de 1860 et 1863 n'ayant pas été
« perçues avant l'été de 1865, les ordres de l'Empe-
« reur n'ayant pas été exécutés en temps utile, les
« sinistres trop prévus par les concessionnaires
« sont arrivés et ont anéanti, à part deux ou trois
« exceptions, les exploitations forestières de la
« province, dans lesquelles étaient intéressés d'im-
« portants capitaux français et des sociétés anglai-
« ses, qui, sur l'assurance qu'on leur avait donnée
« au Ministère de la Guerre, que la sécurité était
« complète dans la province de Constantine, sont
« entrées pleine de confiance dans les exploitations
« des forêts. »

Et, il proposait au Conseil d'émettre un vœu avec
des considérants ainsi conçus :

« Considérant que, tant que la responsabilité
« collective des tribus a été appliquée ou simple-

« ment maintenue dans le langa : administratif,
« vis-à-vis des tribus, comme un ...oyen de répres-
« sion incessamment applicable, les forêts ont été
« respectées ;

« Considérant que les amendes édictées en 1860
« et 1863 n'ont pas été perçues ;

« Considérant que la simultanéité des incendies
« s'allumant le même jour, à la même heure, sur
« tous les points de l'Algérie, ne peut être que le
« résultat d'une mesure concertée d'avance par les
« incendiaires ;

« Considérant que, nonobstant toutes les alléga-
« tions contraires, il faut voir dans les incendies
« un fait de révolte ouverte et une attaque contre
« les exploitations européennes, attaque tout aussi
« évidente que si elle était tentée à main armée,
« et dont les résultats sont bien plus terribles pour
« les intérêts français que des faits de guerre
« ouverte ;

« Considérant, dès lors que l'on peut assimiler
« l'incendie à la révolte, et appliquer aux coupables
« les lois de répression dont le Gouverneur général
« dispose................. »

Si le vœu de M. de Cès-Caupenne ne fut pas
adopté dans son entier, du moins l'Assemblée dé-
partementale se montra-t-elle favorable à l'opinion
qui l'avait inspiré. C'est en vain que le Rapporteur
du 3e Bureau essaya de faire admettre la combustion spontanée du chêne-liège. Vivement attaquée

en séance générale, cette théorie ne put être soute-
nue plus longtemps ; la majorité se prononça dans
le même sens que M. de Cès-Caupenne, c'est-à-
dire pour la culpabilité des indigènes.

La Commission d'enquête, constituée à Constantine, par arrêté du Gouverneur général en date
du 30 décembre 1865, fut forcée de conclure dans
le même sens. Bien que composée de fonction-
naires, ayant pour la plupart trop d'indulgence pour
les arabes, elle dût faire la constation suivante :

« Le dépouillement des nombreux rapports, soit
« des autorités locales, soit des agents du service
« forestier, soit des bureaux arabes, les recher-
« ches faites sur les lieux par M. le Général Dargent
« lui-même, et l'examen de l'enquête à laquelle
« s'est aussi livrée la Commission présidée par cet
« officier général, ont amené la conviction que les
incendies ont été volontairement allumés par les
indigènes. »

Les foyers allumés simultanément dans les forêts
et dans les broussailles, pour provoquer ou propa-
ger l'incendie et dont on a retrouvé partout les
traces, les torches, fagots et autres engins incendiaires recueillis en plusieurs endroits, les témoignages nombreux de témoins oculaires, l'apathie
manifestée sur quelques points par les arabes pour
éteindre le feu, l'arrestation au moment du sinistre
d'un certain nombre d'indigènes déférés aux tribu-
naux ; les jugements de condamnations prononcés
contre eux, ne sauraient laisser aucun doute sur le
fait intentionnel.

La Commission constatait également que 52 indigènes soupçonnés du fait d'incendie volontaire,
ou non, avaient été traduits devant les Conseils de
guerre de la Division.

A la date du 1er mars 1866, 7 avaient été con-
damnés, 21 acquittés et 24 restaient à juger. Les
condamnations consistaient, pour un, dans les tra-
vaux forcés à perpétuité, pour deux autres en 20
et 10 ans de la même peine et pour les quatre derniers à 5 années de réclusion.

Néanmoins, la Commission fermant les yeux à
l'évidence, attribuait surtout aux anciennes habitudes pastorales et agricoles, la cause des incendies.
Sur un ou deux points seulement, disait-elle, ils
sont dus à un esprit de malveillance particulière.
La Commission a oublié que de 1840 à 1860, c'est-
à-dire pendant la période d'application rigoureuse
de la responsabilité collective, les indigènes sem-
blaient avoir perdu le souvenir ou l'envie de ces
habitudes pastorales, elle oubliait également d'in-
diquer d'une manière précise, dans quelles circons-
tances les 52 incendiaires ou soupçonnés d'incendie
avaient été pris.

Il n'était que trop évident, comme le disait M. de
Cès-Caupenne, que la mise en valeur de nos forêts,
l'exploitation enfin réglée des massifs boisés par
les Européens, attiraient la haine des arabes et
leurs criminelles fureurs contre la colonisation.

Depuis 1865, l'opinion de la moyenne partie des
habitants de notre province n'a guère varié. A de

rares exceptions près, tout le monde s'accorde à dire que la malveillance des indigènes occasionne, seule, les incendies qui désolent périodiquement notre territoire.

Nous n'avons que l'embarras du choix pour la citation des témoignages que nous pourrions invoquer à l'appui de cette opinion qui est la nôtre. Sans aller rechercher dans les documents antérieurs à l'année 1881, sans citer même les conclusions de la Commission des incendies de 1877, qui mériteraient pourtant d'être reproduites *in extenso*; nous nous bornerons aux faits de 1881 et cela sera largement suffisant.

Le 23 août 1881, un concessionnaire écrit d'El-Milia au journal l'*Indépendant :*

Le feu est partout, de tous les côtés on le voit prendre et si pour une cause quelconque il s'éteint, une main malveillante vient le rallumer.

Dans un versant d'un millier d'hectares, j'ai compté plus de cinquante foyers distincts ; il est donc hors de doute que les indigènes poursuivent un but qu'ils tiennent à atteindre ; c'est l'anéantissement de nos forêts et de toutes les exploitations industrielles que nous cherchons à y fonder au prix de tant de sacrifices.....

Au lendemain des terribles incendies qui viennent de ravager la banlieue même de Philippeville et de causer la mort de trois braves, les zouaves Boubieu, Blandeau et Cléret, une pétition des habitants de Philippeville et de la région, invoque les considérations suivantes :

Attendu que, pendant la deuxième quinzaine d'août 1881, le feu a ravagé la presque totalité des forêts du département de Constantine, entraînant la ruine d'un grand nombre de colons européens et la mort d'un nombre malheureusement trop grand de victimes.

Attendu que, le feu a été mis le même jour, presque à la même heure, sur une ligne à peu près parallèle à la mer et de plus de cent lieues d'étendue.

Attendu que, cette silmultanéité provient, ainsi qu'il résulte de nombreuses preuves, d'un mot d'ordre auquel ont obéi les indigènes, poussés par leur haine religieuse pour tout ce qui est français ;

Attendu que, l'incendie de tout un pays, est celle des formes de l'insurrection à laquelle les arabes fanatiques ont toujours donné la préférence, dans les territoires où ils sont entourés par la colonisation, et que ces arabes seuls sont les auteurs volontaires et conscients des irréparables désastres causés par le feu ;

. . . .

Le *Mobacher*, organe officiel du Gouvernement général de l'Algérie, s'exprime ainsi :

Des incendies considérables ont éclaté dans les forêts du département de Constantine. C'est dans les journées des 21-22-23 et 24 août qu'ils avaient pris le plus de développement et d'intensité. Depuis plusieurs jours ils sont en décroissance ; aujourd'hui les principaux foyers sont éteints ou circonscrits.

Les pertes matérielles ne sauraient être encore déterminées, mais elles paraissent devoir être considérables. Les surfaces parcourues par le feu sont très-étendues.

Dès ce moment, on procède d'urgence à des enquêtes pour constater le caractère général et la cause de ces incendies. La malveillance de certains indigènes est dès maintenant certaine, puisque plusieurs, sur différents points, ont été pris en flagrant délit. Les mesures énergiques de répression individuelle et collective qu'appellent de pareils évènements, ne se feront pas attendre.

Et dans ses considérants de son arrêté de séquestre collectif, M. le Gouverneur général se base sur ce que :

Sur plusieurs points, en des forêts différentes, les indigènes ont été surpris mettant le feu, et que, les autorités locales ont le plus souvent constaté à ce moment, les mauvaises dispositions ou le concours insuffisant des collectivités.

Maintenant si nous passons à l'examen des nombreux documents et des volumineux rapports qui ont été mis à notre disposition par M. le Préfet, nous trouvons partout la preuve écrasante de la criminalité des arabes.

Nous nous contenterons de citer un certain nom-

bre d'extraits des rapports des administrateurs et des Sous-Préfets, et nous espérons que leur lecture convaincra les plus incrédules.

Extrait du rapport de l'Administrateur de Collo

Avant d'entrer dans les détails que comporte une question de cette nature, je crois devoir faire remarquer, en premier lieu, que *tous* les douars de ma circonscription ont été, à des degrés divers, atteints par l'incendie....... ....

Le feu a pénétré dans la commune mixte par les douars des Ouled-Nouar et des Denaïra, qui forment, l'un au N.-E., l'autre au S.-O., les deux points extrêmes du territoire. D'un côté, il venait du douar M'salla (commune de Stora) et de l'autre du lieu dit Oued-Mloul, douar des Beni-Sbihi (commune mixte d'El-Milia). Favorisé par un siroco exceptionnel, qui parfois soufflait en ouragan, par de fréquentes et brusques sautes de vent, et par cette circonstance que les forêts de cette région se succèdent et se relient les unes aux autres sans solution de continuité, sur une étendue considérable, *aidé aussi sur un grand nombre de points et dans plusieurs douars par la main des indigènes, l'incendie a gagné successivement et irrésistiblement toutes les parties boisées de ma circonscription.*

. . . .

J'ai la conviction que la main des indigènes n'y est pas demeurée étrangère.

Au cours de ma tournée dans les parties incendiées, j'ai en effet constaté sur plusieurs points, notamment dans les douars Kerkera, Tokla, Demnia, El-Alba, Ouled-Nouar, des foyers distincts des attaques de feu indiquant clairement l'intention d'aider au développement de l'incendie.

Extraits du rapport de M. l'Administrateur d'Attia

Il y a cependant lieu d'affirmer que certains individus n'ont pas mis toute la bonne volonté désirable dans l'exécution des ordres qui leur étaient donnés. *Il est également exact que d'autres ont eux-mêmes propagé l'incendie en allumant de leurs mains le feu dans les bois qui auraient pu être préservés.*

. . . .

Les témoignages de MM. Leprêtre, Guitard et autres, employés de la Cie Besson, *ne laissent aucun doute sur la propagation de l'incendie par les mains criminelles, aux Beni-Toufout et aux Djezia, pendant les 23, 24 et 25 août 1881.*

. . . .

El-Hadj-Saïd-ben-Djama, adjoint des Ouled-Djama, son garde-champêtre et plusieurs indigènes qui l'accompagnaient, ont vu, le 25 août, quelques instants avant le point du jour, *trois individus mettre le feu à la forêt Besson, près de la Zeriba Auzaine, Djezia. Le fait est absolument certain.*

. . . .

Les bois de M. Duplan ont été brûlés dans la soirée du 22 août, alors que l'incendie était dans toute la force. Le sieur Ripert, garde de la propriété Lewat, aurait vu, malgré l'épaisse fumée, *un feu s'allumer chez M. Duplan, à 7 kilomètres en avant du grand incendie. Cet acte criminel n'est pas impossible.*

S'il a été réellement commis, son auteur restera toujours inconnu.

Extrait du rapport de M. l'Administrateur d'El-Arrouch

Nous avons interrogé le Cheik du douar, les membres de la Djemâa, les Ouakafs, les gardiens des postes-vigies ;

Tous ont déclaré :

Que la malveillance seule a pu allumer l'incendie, qu'ils n'ignorent pas qu'à raison de cet incendie, les rigueurs de l'administration vont s'appesantir sur tous les habitants du douar et qu'ils regrettent de ne pouvoir nous livrer l'auteur ou les auteurs du crime, mais que ces derniers leur sont inconnus.

Extrait du rapport de M. l'Administrateur d'El-Milia

Nous avons constaté nous même, en nous transportant sur les lieux après le sinistre, *que le feu avait été allumé sur plusieurs points ; cette constatation a été d'autant plus facile à faire que plusieurs foyers allumés, distants les uns des autres de quelques kilomètres, s'étaient éteints sans se communiquer aux broussailles environnantes ; de l'aveu même de quelques indigènes de la fraction des Isterrien, le feu a été allumé au Ksir de ben si Amar à plus d'un endroit.*

Dans la nuit du 22 au 23, pendant que les Beni-Caïd étaient au feu de la maison forestière des Achaiches où nous nous étions transporté, nous avons constaté de visu que, *intentionnellement, dans les broussailles qui garnissent les bords de l'Oued-Guiton et loin de tout autre foyer d'incendie, à plus de 2 ou 3 kilomètres, le feu avait été allumé sur plusieurs points.*

Le 21, pendant que les massifs forestiers des Beni-Sbihi et des Ouled-Embarek étaient en feu, l'incendie qu'il n'était plus possible de combattre, à cause de l'immense étendue qu'il occupait *et surtout à cause de la malveillance et de l'intention criminelle qui faisait que le feu reprenait sur les points qui étaient déjà éteints ou n'avaient pas été allumés,* l'incendie, dis-je, pénétrait dans le douar de Boucherf, suivait sa marche rapide du S.-E. au N.-O. sur une étendue de 2 ou 3 kilomètres. Le Cheik de ce douar, dans un rapport, nous déclare que, au lieu dit Guefefa, *le feu a été allumé sur 3 points différents et en même temps ; que ces nouveaux foyers d'incendie se trouvaient à une grande distance des autres et que le feu n'avait pu se communiquer dans ce lieu que par le fait des indigènes.*

De notre côté, nous avons parcouru tous les points ravagés par l'incendie dans ce douar et nous

avons pu constater que dans la vallée des Achaîches
et sur la route des Beni Sbihi qui traverse le douar
de Boucherf, en *plusieurs endroits le feu avait été
allumé; sur la route de Constantine nous avons pu faire
la même constatation sur plusieurs points.*

Le 21 vers 9 heures 1/4 du soir, *les indigènes des
Beni-Caïd suivant l'exemple de leurs voisins, mettaient
le feu dans la forêt d'El-Oudia. Ce point battu par le
vent du Sud, sans aucun doute avait été choisi, car de
cette crête élevée, l'incendie se propageait rapidement
et envahissait les forêts de l'Oued-Deheb. Ce nouveau
foyer d'incendie était à plus de 7 kilomètres de tout
autre; il n'y a donc aucun doute à avoir sur les causes
qui l'ont déterminé.*

Extrait du rapport de M. le Sous-Préfet de Bougie (Commune de Duquesne)

Par suite de ce retard, qui à mon avis est le résultat d'un mot d'ordre, d'une entente générale,
350 hectares de forêts ou broussailles sont deve-
nus la proie des flammes.

*Les autres incendies sont également dus à la malveil-
lance, car à peine un feu était-il éteint, qu'il en était
rallumé un nouveau par une main criminelle.*

. . . .

*Dans ces divers sinistres les nommés : 1° Rabah-ben-
Mohamed-bel-Ilioul dit Bou-Dheba; 2° Embarek-ben-
Salah-ben-El-Djoudi, ont été surpris mettant le feu
aux forêts.*

Commune mixte de Taher

Le feu avait été mis par les nommés : 1° Mohamed-ben-Sadok-ben-Si-Atsman; 2° Mohamed-ben-Ahmed-ben-Si-Atsman, tous deux du douar Ouled-Taleb (Beni-Iddeur); 3° Ahmed-ben-Rabah-ben-L'msiad du douar Ouled-Khelas (Beni-Iddeur); 4° enfin Mohamed-ben-Salah-ben-Laouïra, du douar des Beni-Maamar.

Extrait du rapport de M. le Sous-Préfet de Philippeville

Du rapport de M. le Maire de St-Charles, il résulte que, non-seulement les indigènes du douar Aïn-Grarab qui dépend de la commune, n'ont fait aucun effort pour combattre le feu, *mais encore qu'ils ont aidé au vent qui l'avait amené chez eux et l'y propageait, en allumant eux-mêmes de nouveaux foyers, qui prirent ensuite une telle extension que l'incendie menaça successivement le village de St-Charles, puis celui de Valée et finalement communiqua le feu au Filfila de Philippeville.* De plus, les indigènes qui se trouvaient au marché de St-Charles le 24, jour où un nouvel incendie se déclarait, loin de se porter au feu pour tacher de l'éteindre, se sauvèrent tous par le lit des rivières.

. . . .

A Stora, le Maire attire l'attention de l'autorité sur le mauvais vouloir des indigènes de M'Salla, *les déclarations du Cheik et du garde-champêtre qui n'hésitent pas à rendre leurs coréligionnaires responsables de l'incendie, comme l'ayant mis dans la Mechta-Zouity d'où il s'est ensuite propagé sur une étendue considérable, mettant en danger sérieux le village même de Stora.* Il n'y a pas lieu de s'arrêter à l'exemption demandée par le Cheik et le garde-champêtre en faveur de leur mechta respective. Egoïsme, duplicité et rapacité, tels sont les mobiles ordinaires des agents indigènes qui semblent nous servir avec désintéressement. Une mesure de répression dans laquelle ils ne seraient pas compris, leur permettrait de remplir leurs poches, trahissant d'une part leurs coréligionnaires et d'autre part, l'autorité qu'ils auraient l'air de servir. Partageant donc l'avis émis par M. le Maire de Stora, je demande l'application du séquestre au douar M'Salla tout entier.

Extrait du rapport de M. le Sous-Préfet de Philippeville

De l'ensemble des documents concernant la circonscription de Jemmapes, il résulte que neuf douars sur onze, qui composent cette commune mixte, ont été le théâtre de feux nombreux et simultanés du 18 au 23 août. L'incendie n'a pas parcouru moins de 45,000 hectares, anéantissant des richesses forestières considérables et occasionnant une perte de 3,000,000 de francs.

Partout l'attitude des habitants indigènes a été des

plus mauvaise. Partout la population se cachait pour ne pas aller au feu ou opposait une force d'inertie indomptable. De l'ensemble de ces considérations on peut conclure que le feu a été mis dans la commune mixte de Jemmapes, après l'entente préalable des habitants des douars et par conséquent, appliquer le séquestre à tous ces douars en assimilant les incendies à des faits insurrectionnels, par application de l'article 6 de la loi du 17 juillet 1874.........

. . . .

S'il y a eu mot d'ordre à l'occasion de tous ces incendies, c'est évidemment dans la région de Jemmapes et avec l'intention bien arrêtée d'anéantir toutes les concessions forestières appartenant aux Européens et peut être même tous les villages de cette région.

Ainsi, c'est toujours la main criminelle de l'indigène qui allume ou propage l'incendie dans cette néfaste période du 18 au 24 août. Nulle part il n'est question de ces causes banales que nous voyons invoquer quelquefois encore. On cite par extraordinaire une ou deux imprudences qui, d'ailleurs, n'ont pas eu de conséquences sérieuses; mais ce qui domine la scène, c'est la torche de l'arabe incendiaire se promenant pendant toute une semaine, depuis la circonscription de Bône jusqu'à celle de Bougie.

Ces extraits de rapports, parlent assez d'eux-mêmes pour que nous ne soyons pas obligés de les commenter et d'en faire ressortir la force. Ce sont des preuves irréfutables.

Mais nous devons nous demander quels sont les motifs qui poussent ainsi les indigènes à détruire nos forêts, à se ruer comme des sauvages sur les exploitations européennes qui les font vivre pour la plupart, à porter en tout lieu la destruction au risque d'être funestes à leurs propres coréligion-naires, à leurs biens mêmes.

Ces motifs sont nombreux, mais les plus puissants sont, sans contredit, la révolte contre nos lois et notre réglementation, la haine, la haine sauvage, la haine invétérée, la haine implacable contre les Européens.

Avant l'occupation de l'Algérie, les arabes jouissaient de droits illimités et abusifs sur les forêts.

L'exploitation de nos richesses forestières, l'organisation du service forestier, ont amené nécessairement une réglementation que les indigènes des massifs boisés ont impatiemment supportée.

Ils ont lutté à outrance pour ce qu'ils considéraient comme un droit, poussant les prétentions jusqu'à vouloir mettre en coupe réglée, les forêts de l'Etat, pour en vendre les bois.

Le service forestier a été trop souvent impuissant. Peu secondé ou peu soutenu par la haute Administration, il a vu méconnaître son autorité par les arabes. Son intervention a toujours soulevé des colères qui ont pu librement se donner cours, parce que la sanction était nulle ou dérisoire.

Et puisque nous sommes amenés à parler du

service forestier, qu'il nous soit permis de rendre un juste hommage au zèle et au dévouement des agents de ce service. Nous devons le défendre contre les attaques dont il a été l'objet, car maintes fois ces attaques ont été imméritées.

Certes, il peut bien y avoir eu, — il y a eu, — çà et là, quelques défaillances, mais ce sont des exceptions et l'ensemble du service a su se maintenir à la hauteur de la lourde tâche qui lui incombait.

Pour comprendre l'importance de son rôle et l'étendue de ses obligations, il est nécessaire de jeter un coup d'œil rapide sur son organisation dans notre province.

La surface boisée de 1,225,837 hectares est répartie en quatre inspections dont le siège est à Bône, Philippeville, Constantine et Sétif, et en treize cantonnements, La Calle, Barral, Souk-Ahras, Philippeville, Constantine, Aïn-Beïda, Batna, Khenchela, El-Milia, Collo, Bougie, Djidjelli, Sétif. Ces cantonnements sont gérés, suivant leur importance, par des sous-inspecteurs ou des gardes-généraux.

Il résulte de cette répartition, que les inspecteurs auraient, en moyenne, une superficie de 306,456 hectares.

Ce chiffre moyen n'est pas l'expression exacte de la vérité, car il est dépassé parfois, notamment pour l'inspection de Constantine, dont l'étendue actuelle est de plus de 500,000 hectares.

Il en résulte encore qu'en moyenne, un cantonnement aurait une étendue de 94,245 hectares, mais les exigences du service, en raison de la situation des bois, font que cette moyenne est souvent dépassée, ainsi le cantonnement de Batna comprend plus de 200,000 hectares, celui d'Aïn-Beïda, 140,000 hectares.

Ces chiffres, il est vrai, comprennent les forêts laissées sous la surveillance de l'autorité militaire, mais dans lesquelles cependant, le service forestier doit, aux termes de l'arrêté gouvernemental du 22 décembre 1875, effectuer toutes les opérations techniques.

Pour ces opérations, les agents et préposés sont obligés de quitter les forêts dont ils ont la surveillance exclusive, ce qui fait comprendre l'inanité du système du général Chanzy, dont la conséquence est de laisser sans surveillance sérieuse, les parties de forêts mises en exploitation.

En France, l'étendue moyenne des cantonnements est d'environ 20,000 hectares.

Celle des triages des gardes, dépasse rarement 800 hectares.

En Algérie, la première est donc plus de quatre fois plus grande, en se basant sur la moyenne qui précède.

Pour les triages, l'écart est encore plus grand, car un triage a rarement moins de 3,500 à 4,000 hectares; on pourrait même citer quelques triages de plus de 19,000 hectares, dans la région, il est vrai, ou le service commence à prendre possession des forêts, au fur et à mesure de l'augmentation du personnel.

Si on observe la distance considérable que les agents ont à parcourir, l'esprit de dévastation inné de la population indigène contre lequel il faut tenir, on se rend exactement compte des difficultés inextricables, que rencontre un agent dans l'accomplissement de son mandat.

Quelques préposés ont payé de leur vie leur dévouement à la chose publique (1).

Et comme récompense de tant de zèle et d'abnégation, le personnel du service forestier a vu ses indemnités réduites du tiers, au quart colonial, par arrêté de M. le Comte de Gueydon, en date du 27 décembre 1872 !

La première mesure préventive à prendre, serait donc de renforcer le personnel de ce service, de créer une conservation à Constantine, de diminuer l'étendue des cantonnements et des triages.

(1) Parmi ceux morts victimes de la haine des arabes et de leur révolte permanente contre notre autorité, nous citerons :

1° Blanc. — Disparu sans qu'on ait trouvé trace de son cadavre. Etait au Chettaba à 14 kilom. environ de Constantine ;

2° Dubiquet, garde de la brigade de Bordj-bou-Arréridj, assassiné en tournée ;

3° Fradat. — Tué à la maison forestière de Darguina (gorge du Chabet) ;

4° Chardot. — Tué dans son triage à peu de distance de la maison forestière de Tamentout, sa résidence.

Mais, il ne faut pas se le dissimuler, ce ne serait là qu'un moyen très-insuffisant; car au point de vue de la surveillance générale, de la constatation des contraventions, de la répression des petits délits, on pourrait bien y gagner; mais au point de vue spécial qui nous occupe, on ne réaliserait aucun progrès. Les agents du service forestier, si nombreux qu'ils soient, ne parviendront jamais à arrêter les incendiaires.

N'a-t-on pas vu, lors des derniers évènements, le feu s'allumer comme sur leurs pas et dans les endroits qu'ils avaient occupés avec la troupe, quelques instants auparavant.

Mettra-t-on fin aux incendies par l'application des lois ou des arrêtés en vigueur, telle qu'elle se pratique aujourd'hui ? Nous n'hésitons pas à répondre par la négative.

La loi de 1874, dont on pouvait très-bien se passer, si l'on avait voulu suivre les vœux du Conseil général de Constantine, et appliquer simplement les arrêtés sur la responsabilité collective ou le séquestre, cette loi de 1874, mal interprétée ou mal appliquée, n'a donné que des résultats médiocres.

On a discuté et on discute encore longuement aujourd'hui sur le paragraphe suivant, qui offre un intérêt capital :

« Lorsque les incendies, par leur simultanéité « ou leur nature, dénoteront de la part des indigè- « nes un concert préalable, ils pourront être assi- « milés à des faits insurrectionnels, et, en consé-

« quence, donner lieu à l'application du séquestre,
« conformément aux dispositions actuellement en
« vigueur, de l'ordonnance royale du 31 octobre
« 1845 (Loi du 17 juillet 1874, art. 6, § 3).

On s'est demandé, si par concert préalable, il
fallait entendre un complot arrêté d'avance, et
posséder la preuve écrite ou verbale qu'un mot
d'ordre avait circulé d'un douar à l'autre pour exci-
ter l'incendie. C'est ainsi que le comprennent quelques administrateurs, rares il est vrai, qui ne
trouvant pas cette preuve dont nous parlons, ne
proposent que des pénalités insuffisantes.

Ainsi, dans un rapport très-incomplet, laissant
dans l'ombre des faits très-graves, négligeant des
témoignages importants d'Européens, dicté par
un esprit de faiblesse extrême envers les indigènes,
pour ne pas dire plus, dangereux par cela même
pour les intérêts majeurs de la colonisation,
M. l'Administrateur de la commune mixte de
Collo, que nous devons tout particulièrement citer,
a pourtant été obligé de reconnaître, d'après ce qui
lui a été rapporté par ses agents, que l'incendie
avait été aidé *sur un grand nombre de points et
dans plusieurs douars, par la main des indigènes.*

Que faut-il donc de plus pour conclure au
concert préalable et à la séquestration de tous
les douars, car tous les douars, comme le dit
ce fonctionnaire, ont été envahis par l'incendie ?

Le concert préalable, mais il existe dans l'esprit
de tous les indigènes, et il suffit que l'un deux, au

jour fixé à l'avance, brandisse la torche des incendies, pour que tous, à ce signal, poussent le feu dans nos forêts.

Le concert préalable, il est suffisamment indiqué par la multiplicité des foyers, la succession des incendies, la torpeur et l'apathie des indigènes.

Se contenter de la seule mesure de la responsabilité collective, en pareil cas, c'est faire le jeu des criminels contre les victimes.

C'est avec ces procédés d'indulgence, qu'on est arrivé à n'inspirer aucun respect, aucune crainte à l'indigène.

Depuis vingt et un ans, les concessionnaires se débattent contre les incendiaires et l'Administration, loin de les protéger, semble n'avoir d'égards que pour leurs ennemis.

En 1860 et 1863, les amendes ne sont pas perçues, en 1865 on n'inflige que des peines dérisoires....

Nous avons vu l'Administration frapper des amendes, qui se traduisaient par quelques centimes à payer par tête, nous avons vu laisser aux indigènes la faculté de se racheter du séquestre ; et, dans ce cas, les coupables, dégrévés plus tard, surtout sur la demande de l'administration militaire (1) en être quitte pour quelques francs chacun

(1) Les défenseurs systématiques des arabes, prétendent, comme le prétendait le rapporteur du 3e Bureau en 1865, que « les indigènes n'ont à aucun degré, la notion du temps et de la mesure et même,

à payer, alors que toutes les terres séquestrées auraient dû passer à la colonisation.

Au nom des intérêts les plus chers de l'Algérie et des colons, nous demandons qu'on en finisse, une fois pour toutes, avec ces déplorables errements.

Nous demandons que le séquestre soit définitif, qu'en aucun cas il ne puisse donner lieu au rachat et que les tribus, ou douars, ou fractions de douars coupables, soient refoulés loin des zônes forestières et cantonnés sur les hauts plateaux.

Qu'on livre donc à la colonisation cette large et fertile zône du littoral, ou tout prospère et réussit entre les mains des colons Français, alors que la colonisation végète dans l'intérieur.

Qu'on abandonne les broussailles qui flanquent les forêts et qui sont trop fréquemment un moyen de propagation d'incendie, aux courageux travail-

quand il s'agit des entreprises qui les passionnent le plus, ils ne savent ni concerter leurs mouvements, ni convenir d'une heure, ni moins encore, s'y astreindre »

Si cette remarque pouvait être vraie autrefois ; elle ne l'est plus aujourd'hui, car le développement qu'ont pris certaines sectes religieuses, leur permet d'agir avec entente sur une grande étendue de pays. Quelques actes insurrectionnels de 1871, notamment l'attaque savamment combinée du village de Palestro, ont montré que les indigènes savaient agir de concert et à heure dite.

leurs qui ne craindront pas de les défricher et d'y donner une première zône de défenseurs (1).

Que des villages forestiers soient créés dans de nombreux endroits et qu'on établisse ainsi, un réseau protecteur tout autour de nos forêts.

Nous avons affaire à des ennemis pires que les Peaux-rouges (2) ; agissons, nous, en Américains, ou alors quittons le pays, abandonnons l'Algérie, renonçons à jamais à y faire de la colonisation.

Sans mesures radicales nous n'arriverons à rien, nous tournerons sans cesse dans un cercle vicieux où nous mourrons épuisés et vaincus par la barbarie.

A titre de mesure préventive, il faut racheter partout les enclaves et les droits d'usage.

Dans son exposé de la situation de l'Algérie, en 1880, M. le Gouverneur général disait qu'une loi était soumise à cet effet au Parlement : nous l'attendons encore.

Quant aux mesures de répression, elles doivent être énergiques, impitoyables.

(1) En 1879, le rapport sur le service des Forêts, au Conseil supérieur, n'estimait pas à moins de 500,000 hectares, les terres qui pourraient être remises à la colonisation, si on séparait avec soin du sol forestier actuel, tous les terrains qui peuvent en être distraits.

(2) Les Peaux-Rouges ne sont pas des incendiaires. Ils ne font pas non plus subir aux cadavres de leurs ennemis, comme les arabes, les plus infâmes outrages.

A moins de déclarer que les colons sont les ennemis et les incendiaires les amis, il faut en finir décidément avec la barbarie.

Les incendiaires pris la torche à la main, doivent être traités comme des insurgés pris les armes à la main. La transportation à Cayenne ou à la Nouvelle-Calédonie doit frapper ensuite ceux qui paraîtront le plus coupables ; le refoulement fera le reste.

Et maintenant, nous nous demanderons ce que l'administration compte faire pour les sinistrés.

Jusqu'à présent, les concessionnaires ou les fermiers n'ont obtenu que des indemnités très-faibles ou même dérisoires, fixées arbitrairement à tant pour cent de la perte éprouvée.

Il eut été de toute justice d'indemniser complètement les incendiés, soit en séquestrant rigoureusement toutes les terres des tribus, douars ou fractions coupables, soit en frappant d'amendes les indigènes de ces territoires, jusqu'à paiement intégral de ce qui était dû aux Européens (1).

Au lieu de cela, on n'a séquestré qu'une très-petite portion des terres et on n'a imposé que des amendes infimes.

Des sinistrés de 1877 en sont encore à attendre le règlement de leurs indemnités.

---

(1) Ce n'est au reste que l'application de l'art. 1382 du code civil qui dit : Tout fait quelconque de l'homme, qui cause à autrui un dommage, oblige celui par la faute duquel il est arrivé, à le réparer.

Nous posons en principe que les sinistrés doivent être indemnisés de toutes les pertes qu'ils ont subies et nous entendons, par là, la perte du capital engagé depuis le jour de la mise en valeur, avec les intérêts composés au taux légal de 6 0/0, la perte en liège au jour de l'incendie et le chômage, c'est-à-dire les bénéfices légitimes qu'ils auraient pu retirer de leurs exploitations.

Tout cela peut être facilement calculé au moyen des statistiques dressées par le service forestier et nous nous en rapportons d'ailleurs à l'excellent travail de M. Lamey.

Nous ne voulons pas que l'Etat supporte le poids d'une indemnité quelconque. Nous entendons au contraire qu'il soit traité comme les sinistrés.

Mais nous demandons que, par une application rigoureuse du séquestre et, au besoin, par des amendes supplémentaires, dans le cas où la valeur des terres sequestrées serait insuffisante, on arrive à indemniser complètement les concessionnaires, les fermiers, les communes et l'Etat lui-même.

Toutefois, comme des capitaux énormes viennent d'être engloutis dans ces désastres, et que des concessionnaires ou des fermiers ont vu leur fortune complètement anéantie en quelques jours ; comme la liquidation du séquestre entraînera nécessairement des lenteurs et qu'il est urgent de venir immédiatement en aide aux sinistrés (nous comprenons dans ce nombre les colons non forestiers), soit pour empêcher leur ruine complète, soit pour les aider à se remettre à l'œuvre, nous demanderons au Gouvernement de faire des avances à tous. Nous lui demanderons à être généreux dans ces prêts et nous estimons que les avances, dans quelque cas, doivent égaler la moitié des pertes subies.

Pour toutes ces raisons que nous avons eu l'honneur de vous développer, votre 3e Bureau vous propose d'émettre le vœu : ·

1° Que conformément à la loi du 17 juillet 1874, ou aux arrêtés antérieurs et toujours en vigueur, sur la responsabilité collective des tribus et la sûreté générale de l'Algérie, les incendies présentant le caractère d'entente de la part des indigènes, soient définitivement assimilés aux actes insurrectionnels ;

2° Que les incendiares pris en flagrant délit par la force publique auxiliaire, désignée à l'art. 3 de la loi du 18 juillet 1874, soient traités comme des insurgés pris les armes à la main ;

3° Que le séquestre collectif apposé sans exception sur les biens des tribus, douars ou fractions, en conformité de l'art. 6 de la loi précitée et de l'ordonnance royale du 31 octobre 1845, demeure définitif et que, sous aucun prétexte, le rachat ne puisse être accordé ;

4° Que la déportation frappe ensuite les plus coupables et que le reste de la tribu, du douar ou de la fraction, soit cantonné dans l'intérieur, loin des zônes forestières ;

5º Que les terres sequestrées soient livrées à la colonisation et que celle-ci forme ainsi un cercle protecteur aux richesses forestières du pays ;

6º Que par application rigoureuse de l'article 7 de la loi de 1874, tous droits usagers demeurent à jamais interdits sur toute l'étendue des bois et forêts incendiés et que, par un effet subsidiaire du séquestre, les troupeaux saisis en contravention soient confisqués ;

7º Que les droits d'usage et les enclaves soient partout rachetés à titre de mesure préventive ;

8º Que les produits du séquestre et les amendes collectives dont les tribus douars ou fractions seront frappées, jusqu'à concurrence de la totalité des pertes subies, servent à rembourser intégralement les sinistrés ;

9º Que les indemnités à attribuer aux sinistrés comprennent non seulement le capital déboursé avec les intérêts composés au taux de 6 0/0 à partir de l'époque de la mise en valeur, mais encore la valeur du liège brûlé le jour de l'incendie et les pertes occasionnées par le chômage ;

10º Qu'en attendant la liquidation du séquestre, l'Etat fasse aux sinistrés une avance qui pourra égaler la moitié des pertes subies.

Le Rapporteur,

Signé : TREILLE.

* 9 7 8 2 0 1 3 2 6 8 7 1 4 *